W0382830

Le Goût des mots

Françoise Héritier

Le Goût des mots

Odile Jacob

© Odile Jacob, octobre 2013
15, rue Soufflot, 75005 Paris

www.odilejacob.fr

ISBN : 978-2-7381-3001-3

Le Code de la propriété intellectuelle n'autorisant, aux termes de l'article L. 122-5, 2° et 3°a, d'une part, que les « copies ou reproductions strictement réservées à l'usage privé du copiste et non destinées à une utilisation collective » et, d'autre part, que les analyses et les courtes citations dans un but d'exemple et d'illustration, « toute représentation ou reproduction intégrale ou partielle faite sans le consentement de l'auteur ou de ses ayants droit ou ayants cause est illicite » (art. L. 122.4). Cette représentation ou reproduction, par quelque procédé que ce soit, constituerait donc une contrefaçon sanctionnée par les articles L. 335-2 et suivants du Code de la propriété intellectuelle.

À la mémoire de Francis Wayser,
avec qui causer était un art délicieux.

L'entrée du jeu

Je me risque à nouveau dans une fantaisie. Or cette fantaisie dans laquelle je plonge est peut-être plus sérieuse au fond qu'on ne pourrait le croire à première vue. Elle trouve ses racines dans des étonnements d'enfance où la découverte des mots du langage parlé s'apparentait à celle des confitures et bonbons et avait le même goût de réalité. Notons qu'il s'agit alors du langage parlé, sonore, entendu, auquel très vite l'apprentissage de l'écriture a assuré une assise visuelle. Il s'est agi ensuite du rapport avec les autres, dont il faut que l'enfant, puis l'adulte, se fasse entendre et qu'il s'efforce d'entendre, mais surtout de cette parole débridée qui tourne toute seule dans nos têtes : cette loquace « parlure » (comme on parle d'écriture), dont je voudrais comprendre comment elle fonctionne. Me sont venues au début des questions très élémentaires, qui n'appellent pas véritablement de réponse. Que se passe-t-il au juste dans ma tête quand j'essaie de cerner au plus près le processus de la pensée et de cette « parlure » inlassable ? Sont-ce des mots que j'entends ? ou que je vois ? que je déchiffre, que je prononce *in petto* ? que j'ai en bouche et pas seulement en tête ? qui viennent tout seuls ou qui sont happés nécessairement par d'autres dans un déroulement sans fin ? Sont-ce des images globales, des sons ou des lettres ? des phonèmes nettement séparés, en leur état brut ? des lettres que l'on épelle mentalement ? des ensembles qui se substituent les uns aux autres à grande allure, tels des chevaux sauvages qui ne courent jamais seuls ?

Je n'ai pas une réponse définitive à fournir. Oui, si je la convoque, j'obtiens une visualisation des mots tels qu'ils sont écrits dans l'usage ordinaire. Et si je ne la convoque pas au premier plan par un effort conscient, est-elle là tout de même ? Que se passe-t-il dans l'émergence de cette parlure intime d'assez mécanique pour n'être pas aperçu au-delà des encordages du sens ? S'agit-il encore vraiment de pensée puisque nous voyons bien que ces encordages dans la vie quotidienne dérivent plutôt d'états émotionnels et d'affects (ce qui affecte notre vie intérieure et extérieure à la fois) que d'une pensée consciente, élaborée, organisée ?

Faites votre propre expérience. Quand vous arrivez à saisir le fil évanescent de votre pensée en train de se faire, sentez-vous que vous l'articulez intérieurement avec netteté ? Ou bien lisez-vous comme sur un prompteur ou comme sur les lèvres ? Avez-vous la sensation d'une présence, d'un manipulateur bavard en vous ? Avez-vous parfois des réactions carrément épidermiques : ressentir des crampes au ventre, avoir la chair de poule, sourire aux anges (comme je le vois parfois faire à des gens dans la rue...) à une évocation qui crée en vous des ondes multiples et centrifuges ?

Sur ces grandes interrogations, je n'ai pas de réponse assurée qui découlerait d'une expérience individuelle de la question. Cependant, j'ai pu bénéficier d'une expérience particulière auprès des locuteurs analphabètes d'une langue africaine dont l'originalité consiste à avoir des tons de hauteur différente que le français ne possède pas. Ainsi, le vocable *tyiri* que j'écris sans tons peut-il revêtir cinq sens radicalement différents (chef, brousse, rein...). Pour ma part, je les reconnaissais dans leur contexte, mais je me trompais le plus souvent lorsque je prenais la parole. Cela, à la grande stupéfaction de mes interlocuteurs : ils ne voyaient pas du tout pour quelle raison je pouvais faire de telles confusions entre deux mots à leurs oreilles si radicalement distincts. C'est que je voyais le mot écrit et eux non. Seule l'ouïe les guidait et non la vue, même intérieure. Ainsi donc, il m'est apparu qu'un caractère acquis (la transcription des sons par l'écriture) joue un rôle considérable dans notre manière d'isoler et d'entendre les mots de la langue. Le passage enfantin à l'écriture doit être un moment primordial dans la conscience individuelle que l'enfant a du réel. Plus globalement et par hypothèse, j'en conclus que la grande invention de l'écriture, cette manière de transcrire des sons par leurs équivalents en formes reconnaissables par un autre sens que l'ouïe, qui a apporté à l'humanité une stupéfiante capacité à enregistrer, à conserver, à transmettre des savoirs et à communiquer entre êtres humains même éloignés dans l'espace et dans le temps, a en même temps canalisé sous une forme préférentielle ce qui pouvait être transmis d'une autre manière. Notre cerveau s'y est adapté aisément : je vois les mots écrits autant que je les entends. Or c'est d'une perte qu'il s'agit également, car il est aisé de n'entendre plus dans les sons reçus que le seul à être doté de sens par l'écriture. Peut-être s'est-il ensuivi un assèchement de l'imagination. Il n'est plus nécessaire de raconter des histoires de son cru aux enfants, il suffit de prendre un livre et de lire. Et aussi un formatage de ces imaginaires : les enfants reçoivent uniformément de mêmes récits dans une culture et une époque données. D'où deux interrogations : qu'est-ce qui nous reste de la faculté créatrice de sens d'après les sons qu'a l'enfant avant l'écriture comme l'avait jadis l'humanité ? Comment fonctionne le formatage dans le corps ?

J'ai isolé très tôt dans mon enfance sur cette base deux registres passionnants dont il sera question ici. « Registre » est un mot à prendre au pied de la lettre, dans ses deux sens. Il s'agit d'un volume où on liste des données à enregistrer. C'est aussi une orientation, une tonalité qu'on donne : on parlera du registre d'une voix, par exemple. De quoi s'agit-il ? Le premier isole des mots ordinaires qui revêtent pour moi un autre sens, ont une autre définition, que ceux qui leur sont communément accordés. C'est ainsi qu'ils me parlent, même si je sais en user de la manière ordinaire. Ils créent ainsi une surréalité où ils s'épanouissent à l'aise, entre eux, dans leur sens secret qui n'est connu que de moi. Je suis absolument certaine que nous jouons tous, plus ou moins souvent, plus ou moins sérieusement, à ce jeu radical des dénominations et des définitions autres du réel qui possèdent le pouvoir de découvrir dans celui-ci ses vraies propriétés. Le deuxième registre recense au contraire non pas des sens secrets, mais des sens communément partagés : il s'agit de ces expressions toutes faites, de ces lieux communs que nous enfilons sans vergogne comme on enfile un vêtement auquel le corps s'est fait. Il faut prendre ces mots au pied de la lettre : il s'agit bien d'expressions « toutes faites » (du prêt-à-porter), de lieux « communs » à nous tous locuteurs de la même langue et que nous comprenons au quart de tour. Le lecteur avisé aura vu que je viens de me servir de deux de ces expressions toutes faites : « prendre au pied de la lettre » et « au quart de tour ». Elles nous sont utiles à tout instant, elles s'insinuent partout, dans le langage parlé ou écrit, tels des raccourcis fulgurants. Des raccourcis pour aller d'où à où ? C'est la question que j'envisage de traiter, couplée à celle de la nécessité pour l'individu de créer pour soi seul et son propre usage une surreprésentation du réel.

On trouvera donc plus bas deux registres, celui qui m'est propre des définitions accordées intuitivement à des mots dans la recherche d'une création permanente du réel, l'autre recensant au contraire une partie (seulement) de l'énorme ensemble de ces expressions toutes faites, qui ne sont ni des proverbes ni des dictons, ni des aphorismes ni de l'argot, et qui nous servent à communiquer sur des bases solidement partagées. Les registres eux-mêmes ne sont classés d'aucune manière ni conceptuelle ni alphabétique. J'ai voulu conserver le caractère hétéroclite de cette danse poétique et vibrionnante des mots, car c'est dans cet apparent désordre que se trouvent et le charme exercé sur nos esprits et la clé des mécanismes qui ont fait naître ces créations. Ils sont là, tels qu'ils sont venus à la pensée, souvent par saccades, ce qui permet de noter à la fois des ruptures absolues et des associations qui, je l'espère, sauteront aux yeux.

Parlons d'abord du premier, de ce goût pour les mots, leur brillance, leur satiné, leur rugosité et leur plus ou moins grande adéquation à la réalité qu'ils expriment. La vérité vécue dans le temps de l'enfance est celle d'une incompréhension majeure, qui ne laisse pas tranquille. Pourquoi une organisation particulière de syllabes entre elles (de phonèmes dépourvus de sens), une sonorité et une texture d'ensemble recouvrent-elles un sens commun tacitement admis et partagé par tous ceux qui parlent la même langue ? C'est, pour faire savant, la question bien connue du rapport entre le signifié (l'objet) et le signifiant (le mot qui le désigne). Je n'en traite pas ici en linguiste, ce que je ne suis pas, ou en sémanticienne et encore moins du point de vue des neurosciences, dont je sais peu de chose. Ce que je voudrais comprendre, c'est le saisissement qui me prend parfois devant certains mots et l'étrangeté que revêt alors pour moi l'association intime de la chose et du mot qui l'exprime. Car tous les mots ne sont pas traités de la même manière, loin de là, et j'ignore pourquoi ceux-là, et pas les autres, me laissent en état de sidération et devant la nécessité de leur donner ce qui est, pour moi, leur véritable acception selon l'effet qu'ils me font.

Je distingue en effet trois catégories de mots. Dans la première, courante, ingénue, sans surprise, sont rangés tous les mots (la majorité sans aucun doute) dont la sonorité colle à la chose. Cela va de « vache », « éléphant », « bassine »… à « sarcasme », « rugir », « atermoiement », « criard », « épouvante », « efficacité », « écrabouiller », « rabrouer », « absolu », « limpide », « cavalcade », « miracle », « savoureux », « s'esclaffer », « s'ébaubir »… Le réel est bien là. Les mots sont là pour le décrire tout entier. Dans la deuxième catégorie, celle de la sidération, viennent les mots qui ne ressemblent pas à la chose, qui ne lui vont pas, qui basculent dans l'étrangeté. Pour quelles raisons ? J'ai ainsi avec le mot « armoire », aux résonances profondes, sombres et soyeuses, semblables à celles de la massive chose bourguignonne doublée de faille jaune safran de mon enfance, un rapport de doute, d'inquiétude et d'émerveillement. Par quel miracle ce mot peut-il désigner ce simple meuble de bois à ranger le linge, alors que sa sonorité et son écriture évoquent tout autre chose ? Le « ar » dur et grave ouvre sur des profondeurs pleines de dangers qui terrorisent et excitent l'enfant en même temps que grincent les gonds de l'armoire, cet enfant qui sait que, s'il plongeait dans l'inconnu du précipice ouvert devant ses yeux, il se retrouverait dans un monde opaque où tout, même l'horreur, se devine à tâtons. Heureusement, il y a ce « moire » qui ouvre sur la possibilité d'une divine lumière, et, dans les reflets d'eau qu'il projette, gîtent toutes les douceurs de l'été des temps bénis où on ouvrait en frémissant l'armoire bourguignonne de grand-mère.

Ainsi, « armoire » ne peut pas seulement dire ce qu'il dit. Pas plus que « cuiller » avec sa sonorité sèche de terre au goût salé (« cui ») et de fer rouillé (« ller ») ne peut se contenter de désigner le benoît instrument que nous portons à la bouche. Ou encore « rue », cette grande tranchée remplie d'eau verdâtre, ne peut-il tout uniment désigner dans sa brièveté le paysage foisonnant qu'offrent les grandes villes de tous les pays et les espaces de terre désertés qui traversent des villages morts.

On peut, bien sûr, estimer que l'étymologie apporte la solution de ces mystères. Mais non. Il s'agit de bien autre chose. La connaissance étymologique nous rassure sur une généalogie et une communauté d'expression partagées par plusieurs langues. Elle peut nous faire comprendre des types particuliers d'association de lettres ou de phonèmes. Toutefois, elle repousse plus haut dans le temps la question essentielle à mes yeux de l'origine sensuelle, corporelle, du langage, de la manière dont les sons répondent à des excitations ressenties par le commun des mortels.

Et la troisième catégorie ? C'est celle, qui m'est propre, de tous les mots qui ont d'emblée pour moi un autre sens que celui qu'ils ont ordinairement. Ils sont nombreux. J'en dresse l'inventaire inachevé dans le premier registre que l'on va lire, mots qui sont cependant sujets à quelques variations de sens au fil du temps. L'essentiel, celui qui est né lors de la première rencontre, jubilatoire, avec le mot rare (quel plaisir que de rencontrer sur son chemin des mots comme « superfétatoire », « flagornerie », « procrastination », « mâchicoulis », « vergogne »…), est celui, dans le domaine de la sensation, que j'essaie de rendre le plus fidèlement. Cependant, la majorité des mots au sens secret sont des mots ordinaires (« soudain », « balai », « caresse », « cahier »…). Je suis intimement persuadée que chacun possède, en son for intérieur, un petit trésor de mots reconfigurés pour soi seul.

Tout le travail consiste à retenir les influx qui vont dessiner une autre identité à ce mot venu à la lumière. Il faut égrener ces petits cristaux silencieux, les uns aux arêtes aiguës, les autres à la rondeur satinée, qui réunis constituent la mémoire du corps et de l'esprit. Une petite voix intérieure semble alors ne pas devoir se tarir, éloquente, hallucinée, impérieuse, L'esprit en éveil devient comme ces vastes plaines aux longues herbes du Middlewest où le vent dessine des formes à la cartographie chatoyante toujours renouvelée. Et miracle ! Parfois le vent s'arrête et une figure s'impose l'espace d'un instant. L'instantané du sens survient. Je joue à ce jeu de la mer végétale pour laisser venir le sens caché. Nathalie Sarraute faisait de même, mais à l'inverse pour retrouver le mot oublié désignant une chose, à travers le fouillis des sensations que l'objet nous impose.

« Le pan de mur, les pavés, l'herbe, le banc sont devenus un peu irréels, inconsistants… un décor dressé à la hâte pour que sur lui l'arbre se détache… Un arbre anonyme, un arbre étranger… il doit absolument révéler son identité, il ne faut pas le lâcher, il faut l'interroger encore, et encore, tenir là, exposé, son mince tronc rugueux, ses branches couvertes de touffes de fleurs qui se dressent comme des panaches, des plumets… il faut l'enserrer, le presser, le soumettre à la question… mais rien n'en sort, pas le moindre indice, rien qui puisse permettre de retrouver son nom […].

« Eh bien alors que tout autour de lui disparaisse, qu'il ne reste ici que ce qui n'est qu'à lui, cela seul, il faut l'examiner de très près, c'est cela seul qui le distingue de tous les autres arbres, ce sont là ses signes particuliers… ces branches de fleurs rose pâle… duveteuses, vaporeuses… elles flottent autour de lui… elles l'entourent d'une brume légère… Quelque chose se condense, va sourdre… qu'est-ce que c'est ? C'est quelque chose de joyeux, oui, de rieur… des rires, des ris… ris… Tamaris… aucun doute possible, c'est un tamaris… tout d'un coup tout est revenu… un tamaris[1]… »

Scandée par des points de suspension, l'écriture de Nathalie Sarraute se moule dans les soubresauts de la mémoire inquiète et fureteuse, obstinée, partie sur la trace du souvenir englouti : elle en épouse les virevoltes, les détours, les retours. Elle en reproduit les ruses – avec cette façon de concentrer l'œil sur un détail : les duveteuses fleurs rose pâle qui flottent –, qui permettent à des bribes flottant dans le champ périphérique, appartenant à d'autres registres mais déjà là sans qu'on le sache, de monter à la surface et de

1. Nathalie Sarraute, *Ici*, Paris, Gallimard, 1995, pp. 18-19.

venir s'ajuster, s'emboîter : le léger duvet rose pâle et les ris joyeux vont désormais ensemble pour l'éternité. C'est advenu.

J'aime ce texte aussi pour le goût du mot dont il témoigne, un mot qui emplit la bouche qui le prononce et engloutit l'énonciateur dans la sensation. Cependant, sur le même fonds affectif, je procède au rebours de Nathalie Sarraute. C'est à partir du mot, prononcé, écrit, entendu, mis en bouche que je cherche à retrouver une définition qui, au-delà de la dénomination, à partir de toutes les évocations qu'il suscite en esprit et dans le corps, lesquelles ne sont pas toutes immédiatement déchiffrables de la même manière, le fera entrer dans un monde parallèle où il jouira d'une pleine autonomie et d'une efficacité d'autant plus grande que cette définition est plus fidèle à son être.

Prenons en exemple un nom propre qui me plaît : Agricol Perdiguier. Il y a cet Agricol, champêtre bien sûr, mais qui évoque aussi la Rome antique (Agricola), des qualités de fermeté et de sobriété et les vertus de la République. Perdiguier entraîne à sa suite des évocations de cavalerie et de chevaux (percherons ?), de chasse (perdrix ?), mais aussi d'yeux perçants, d'observation au ras de l'herbe (allez savoir pourquoi !) et d'exploration. L'association des deux noms revêt une force tranquille, qui peut s'exprimer brutalement, qui est en étroit rapport avec la terre, le monde animal et leurs productions.

Aussi bien, pour moi, Agricol Perdiguier peut être : un homme efflanqué et austère qui porte des godillots ; un homme brutal qui maltraite les chevaux ; un petit garçon lunatique qui aime les pâquerettes. Ou bien à la rigueur : un explorateur hardi de terres vierges ; un savant un peu déphasé. Mais certainement pas : un vieux beau qui aime les petites filles ; un jeune homme fin qui porte culotte et lavallière ; un poète amoureux d'une danseuse. Le mot a une ou plusieurs auras qui tiennent chacune à des qualités que le mot possède : sonorité, lettres, phonèmes, collusions de sens fondées sur des associations…

Si j'essaie de me pencher sur la façon dont je procède et de comprendre comment de nouvelles définitions s'imposent dans leur nudité plaisante, s'ouvrent alors de grandes voies inexplorées.

La première a trait à la couleur des lettres, à leur allure, leur caractère, leur saveur. Arthur Rimbaud a royalement ouvert la voie, en caractérisant les voyelles par une couleur : A noir, E blanc, I rouge, U vert, O bleu. Elle s'impose à moi comme elle s'est imposée à lui. Si le bleu du O est vaguement problématique (ne serait-ce pas surtout indigo ?), la verdeur du U, la noirceur du A, le rouge cramoisi et échauffé du I, la blancheur laiteuse ou la transparence du E sont indubitables, indiscutables. J'y ajoutais en pensée le mauve ou le violet du Y et m'interrogeais sur la disparition du jaune. Où est le jaune ? Le jaune réside à mes yeux dans la nasalisation : rien, sein, main, faquin, bouquin, coquin, rouquin…, en allant du roux (rouquin) au crème (sein, main…), en passant par le jaune d'œuf (faquin) et le jaune orangé éclatant de Van Gogh (biffin, bouquin…).

Il ne suffit pas que les voyelles aient un caractère marqué par la couleur. Elles ont aussi des qualités morales associées aux couleurs :

A est plein de noirceur, de rancune et de bile,
E est clair, limpide, innocent,
I est colérique, infatué, parfois pervers,
U est tranquille, serein, bucolique,
O est étonné, naïf, généreux.

On voit d'emblée toutes les possibilités de jeu qui s'ouvrent par la combinaison d'un sens accordé, aux lettres associées qu'elles sont à des couleurs et à des qualités. On pourrait y ajouter les goûts et saveurs de chacune ou leur association à des animaux ou à des parties du corps. Le monde est large de ces possibilités. Baudelaire l'a écrit dans *Correspondances* :

> « Dans une ténébreuse et profonde unité […],
> Les parfums, les couleurs et les sons se répondent. »

Continuons de jouer ce jeu :

A est grave et sombre comme le son d'une cloche d'airain,

E a le son limpide et fluide de la harpe,

I a le son aigu des pipeaux et crécelles,

O a le son plein et vibrant des cordes, violon, alto, violoncelle,

U a le déroulé ondoyant du piano,

tandis que le son du trombone est d'un jaune éclatant et que le clairet du hautbois et de la clarinette convient parfaitement au **Y**.

Et encore, dans le registre des épices :

A a la saveur amère du chocolat noir,

E a la douceur sucrée de la vanille,

I a le feu du piment et du poivre
O a la rondeur de la cannelle
U a le piquant des herbes fraîches parfumées, cerfeuil, ciboulette…
tandis que le jaune convient à l'ail et à l'échalote et que le **Y** s'associe aux herbes sèches, thym, serpolet, laurier.

Au-delà des voyelles, les consonnes se mettent à leur tour à jacasser, à nous informer de leur nature profonde, multipliant ainsi à l'infini les combinaisons dotées d'un sens immédiat avec les voyelles. Je donne ici ma façon de les entendre et de les concevoir.
B, empêtré, balourd, extirpé de la glaise,
C, désigne du doigt, clabaude, inquisiteur,
D, tranquille, attentif, ouvert, clair,
F, ingénu, naïf, charmant, avenant,
G, bon caractère mais vaguement susceptible, enjoué,
H, aérien, subtil,
J, rusé, observateur, en attente,
K, sûr de lui, arrogant,
L, liquide, fondant, mouillé, humide,
M, encombré de lui-même, pataud,
N, équilibré, serein, irradiant,
P, fébrile, rapide, diligent, explosif,

Q, massif, inamovible,
R, carré, dominateur,
S, tortueux, soupçonneux, jaloux, suspicieux,
T, diplomate, faiseur de compromis,
V, courageux, part à l'assaut,
W, bégaie, complexé,
X, inquiet, timide,
Z, descend de la montagne en chantant.

Tout cela sans compter avec le jeu des assonances, ce qui fait que « passerelle » est un petit oiseau léger (avec le fondant du **L**, la diligence du **P** et la fine lumière du **E**), que « rastaquouère » vous jappe aux mollets (avec le côté massif de **Q** et dominateur de **R**, plus une diphtongue au goût mauvais), et que Caravage est un troupeau de bisons fonçant (avec sa masse noire de **A**, la susceptibilité du **G** et le **V** qui part à l'assaut).

Cet ensemble de données intuitivement perçues construit autant de contraintes qu'il ouvre d'espaces de liberté créative. En outre, pour certains de ces mots, la contrainte gît dans l'apparence même de la chose. Ainsi, « rhododendron », que je vois comme un dragon malhabile qui a trop de pattes et pas assez de feu, doit cette définition pleine de certitude à l'assonance certes avec « dragon », mais aussi à sa profusion de fleurs (trop de pattes) et à son allure placide et bourgeoise (pas assez de flamme).

Les **E** multiples d'« éphéméride » et l'envolée lyrique finale font naître l'image du papillon blanc, qui entraîne par déduction zoologique sa traduction en piéride, laquelle, comme chacun sait, aime les choux. Ce papillon est connu comme la piéride du chou. C'est ainsi qu'« éphéméride » est de toute évidence un papillon blanc qui se plaît dans les choux.

Écho est un coup de glotte ou de menton, sans doute par l'évocation de l'attitude physique qui va avec l'italien *ecco* (voici ! on y est !) dont la brusquerie augmentée de l'accent tonique s'associe à l'idée d'un coup de glotte (et même à l'image du génial Erich von Stroheim buvant à la renverse un petit verre d'alcool).

Quant à Agamemnon, un gros plein de soupe, il doit cette définition peu plaisante pour sa royale dignité au caractère massif et brutal de « Aga » tempéré par l'obésité ventrue de « memnon » qui évoque presque littéralement une mamelle. Jean Cocteau disait de Marlène Dietrich que son nom commençait comme une caresse et finissait comme un coup de cravache : il se passe exactement la même chose ici dans l'effet que le nom produit sur nous. Rien ne serait plus facile que de poursuivre ces explications littérales pour chacun des mots que je recense.

La deuxième voie inexplorée (ou très peu, sinon par le surréalisme) est celle des associations libres entre des idées, la création de réseaux conceptuels qui s'ouvrent tout seuls, par une sorte de nécessité interne. J'ai, en anthropologue, utilisé la méthode qui consiste à suivre un enfilement d'associations conceptuelles dans le vaste champ de l'anthropologie symbolique du corps. J'y suis donc un peu rodée. Elles se voient nettement, ces associations, dès qu'on veut bien ouvrir les yeux, être attentif à leur surrection. Ainsi, si pour moi, « chrysanthème » se fait harakiri, c'est en vertu d'une association culturellement admise de cette fleur avec le Japon, puis par l'entremise du titre d'un ouvrage intitulé *Le Chrysanthème et le sabre*[1], avec l'idée terminale du harakiri. Une idée germinale : le Japon, un objet transitionnel, le titre du livre évoquant le sabre ; une idée

1. Ruth Benedict, *Le Chrysanthème et le sabre*, Arles, Éditions Philippe Picquier, 1987.

terminale : le harikiri, où le sabre ouvre dans le corps la forme et la couleur de la fleur.

En retraçant des caractéristiques brutes associées en réseau, il est possible de restituer leur sens à des généalogies apparemment dérivées dans l'esprit de façon bizarre et incompréhensible. Ainsi, celle qui unit « fretin », « freluquet », « reluquer », « fripouille », « grenouille », « grenaille », « limaille », en plus des assonances entre fr, gr, uet, uer, ouille, aille. « Fretin » frétille et « freluquet » grelotte tandis que « reluquer » fige le mouvement. « Fripouille » se jette à l'eau sans se noyer tandis que « grenouille » se noie dans un bénitier (ou dans un verre d'eau) et que « limaille » dessèche le gosier, toutes visions qui s'enchaînent à la fois sur des assonances et sur les thèmes du mobile et de l'immobile, du sec et de l'humide.

Ainsi, autour de la simple notion de blanc (blanc comme neige) associée dans l'esprit à celle de pureté, il nous faut déjà admettre l'existence d'un saut intermédiaire entre ces deux notions : de blancheur et de pureté, qui porte sur la qualité de transparence que le blanc n'a pas de lui-même. Une onde pure est limpide et transparente. Une jeune fille pure (une oie blanche ?) est vêtue de blanc et de candeur. Elle a la silhouette évanescente. Sa vie est transparente. Un diamant pur diffracte la lumière sans ombre. Sinon, il y a une impureté, un « crapaud ». Un crapaud est sale, gluant. Il est l'antonyme de la princesse et du prince Charmant dans les contes de fées. Nous voyons se dessiner sous nos yeux une série d'associations qui se déploient par orbes concentriques entre des états de fait :

une couleur : blanc *versus* noir,
une propriété : transparent *vs* opaque,
un état social : princesse, prince Charmant *vs* gens ordinaires,
un âge : jeunesse *vs* vieillesse,
un état corporel : virginité *vs* exercice de la sexualité,
un toucher : lisse et sec *vs* gluant,
une voix : claire *vs* éraillée.

Mais aussi entre des qualités :
attrait *vs* répulsion,
limpide *vs* trouble,
pur *vs* impur,
asexuel *vs* sexuel,
agréable *vs* répugnant…

Tout cela est présent dans notre horizon culturel occidental et judéo-chrétien et entre en composition dans ces condensés de représentation que parfois les mots nous semblent exprimer adéquatement et parfois non, suscitant alors la sidération du locuteur et la nécessité de la redénomination à la recherche du sens secret.

Je suis entourée de mots dans une forêt bruissante où chacun se démène pour attirer l'attention et prendre le dessus, retenir, intriguer, subjuguer, et chacun aspire à ces échappées belles. Comme si on les sortait de leur prison. On entre dans le domaine de la joie pure. Tous ces mots qui dansent, se déhanchent, se désintègrent, ondulent autour de moi et m'entraînent dans la grande ronde de la fantaisie première. Avec le bricolage surprenant et inattendu des figures qui surgissent alors, on entre dans le grand capharnaüm de la liberté créatrice où tout est permis.

Je ne peux m'empêcher d'associer ce goût pour les mots au goût pour les boîtes qui me possède aussi depuis l'enfance et de tous les tiroirs remplis de ces choses délicieuses pour l'esprit que sont la mercerie et la passementerie, les boutons, fusettes, bobines, rubans, boutons-pression, gros-grains, extraforts, fils, laines, cotons mercerisés, dentelles, doublures, aiguilles, épingles de nourrice…, la quincaillerie, avec ses merveilles de clous, semences de tapissier, crochets, vis, punaises, pointes de diverses tailles, toutes ces choses qui se vendaient autrefois par dizaines, centaines ou au poids, l'épicerie en vrac où l'on se sert avec des petites pelles, les albums de photos, les bijoux de pacotille et aussi le contenu des véritables armoires, les draps, taies d'oreiller, mouchoirs, torchons, nappes, serviettes de toilette… tout ce bric-à-brac domestique et technique qui se pèse, se compte, se range. Et surtout le plaisir du caché, dans la boîte, le tiroir ou l'armoire, qui devient visible. Le tiroir qui glisse et dévoile ses trésors, les boutons cousus sur une mince plaquette de carton, rangés par taille dans la même catégorie de forme, de couleur et de matière…, qui dira le plaisir de leur découverte, la finesse de l'observation et de l'expérience qui pousse à décréter devant une étoffe, son épaisseur, son toucher, sa couleur, sa matière, sa destination, que c'est ce bouton qui ira et pas un autre, qui saura dire où se niche ce plaisir sensuel dénué de passion qui touche à la fois à la gourmandise, au sens de l'harmonie, au goût du secret et du dévoilé (l'enfant à la bobine de Freud), à l'appréhension délicieuse de l'envers caché des choses et de ce qui pourrait advenir. Que sais-je encore ?

une certaine idée de l'infini (celui du sable qui coule entre les doigts), de l'indénombrable, le sentiment contrasté de la gratuité et de la nécessité des choses et par-dessus tout : la sensation d'approcher le caché, l'occulté, le secret, le déjà-là, la présence dans l'absence : au fond de la boîte, la béatitude de découvrir l'infini.

En jouant avec les mots, je recrée la jouissance de Babel, comme le fait l'enfant qui ne veut pas choisir entre son désir de comprendre exactement ce qui se passe et ce qui se dit autour de lui et la tentation constante du merveilleux ésotérique auquel il est seul à conférer un sens. Il s'agit à la fois d'établir plus de proximité, mais aussi plus de distance avec les mots et ce qu'ils désignent, de les apprivoiser assez pour voyager avec eux. Trop de compréhension immédiate serait-il nuisible ? Quel charme y a-t-il à séduire, à circonvenir, à approcher avec patience, quelqu'un de totalement, horriblement prévisible, celui qu'on comprend « au quart de tour » avant même qu'il ait tenu un propos ? L'entente idéale des cœurs aimants peut être le paradis, mais ce peut être l'enfer. L'enfant refuse d'être traité comme s'il ne comprenait rien. Il comprend, mais il préfère le mystère des définitions qu'il est seul à projeter sur le monde. Il en est maître, il est seul à pénétrer leur complète intimité.

Je me retrouve tout entière dans ces propos tenus par Yves Bonnefoy : « Cette idée de la chose comme un interlocuteur, c'est rappeler l'expérience de l'enfant avant que peu à peu il ne se laisse convaincre, par l'exemple et l'enseignement des adultes, d'appréhender le monde comme une donnée passive, manipulable : comme du réifié et non du vivant. Je crois que la poésie n'est que la préservation de ce sentiment de présence de tout à tout qui faisait le bonheur et aussi l'angoisse des "journées enfantes" [...]. Et comment préserver cette expérience première, cela peut être, c'est même à mon sens la principale façon, par la perception dans les vocables de leur son, *leur son comme tel* [c'est moi qui souligne] qui est au-delà, dans chacun, des signifiés par lesquels la pensée conceptualisée voile en eux la présence possible de ce qu'ils nomment[1]. » On ne peut pas mieux dire pour exprimer ce que j'ai voulu faire.

1. *Le Monde des livres*, 12 novembre 2010.

Abordons maintenant le deuxième registre, celui des lieux communs dont nous nous servons sans y prendre garde. Il convient de prendre ces mots au pied de la lettre et de bien s'en pénétrer : il s'agit de territoires où l'on se retrouve immédiatement complice des autres. Chacun sait ce qu'il en est, car ce territoire est celui d'un sentiment éprouvé, d'une émotion, d'une expérience concrète ressentie et transcrite dans le corps. Ni aphorismes, ni expressions de la sagesse populaire, ni dictons nés de l'expérience (« à bon chat, bon rat », « qui a bu, boira », « après la pluie, le beau temps »…), ni expressions argotiques, ces lieux partagés nous servent à communiquer directement une expérience concrète doublée d'une émotion sans passer par le truchement d'une pensée analytique et explicative abstraite. Il ne s'agit plus de création individuelle mais d'une pensée collective. Quels rapports unissent donc ces deux nécessités ?

Déjà, il a fallu qu'un jour, par un remarquable mouvement d'abstraction, d'extirpation, comme on sort d'une soupente par une lucarne grâce au puissant effort libérateur des bras, quelqu'un ait pour chacune de ces expressions extrait l'essence du réel dans une situation donnée tel qu'il était ressenti par le corps en son entier et tel que les autres pouvaient le partager.

Ce sont des raccourcis fulgurants, efficaces, nécessaires. Leur économie de moyens et leur brièveté recouvrent une large panoplie de cheminements et d'évocations sous-jacentes. Parcourant rapidement un réseau d'images, le cerveau focalise sur une impression d'ensemble, une émotion, faisant l'impasse sur les nombreux relais intermédiaires possibles.

Ainsi, si je dis d'une idée que « c'est clair comme de l'eau de roche », il va de soi non seulement que c'est lumineux, mais aussi qu'il n'y a pas de contestation ni de contradiction possibles. On a fait l'économie d'un certain nombre de relais, mais on sous-entend nettement : que si l'eau est toujours limpide, la plus limpide de toutes est celle filtrée par les roches des régions montagneuses (ainsi Évian) ; que l'eau coule selon la loi de la pente, selon un chemin nécessaire dont elle ne peut sortir ; qu'une idée limpide et coulant comme de l'eau est donc nécessaire et incontestable.

Si je dis « fier comme Artaban », devenu de façon populaire « fier comme un petit banc », je passe de façon plaisante de l'évocation de la fierté bravache du héros, à celle de la modestie du petit banc à côté des grands, et enfin à celle de la fierté du petit qui veut être respecté à l'égal d'un grand (ce qui rejoint parfaitement la légende du personnage). Et il n'y a eu nul besoin d'expliciter tout ce cheminement qui est parfaitement entendu et ressenti.

Être « sur des charbons ardents », « aux abois », « aux cent coups », « bouillir d'impatience » : ce sont des métaphores. Non, bien sûr, je ne vais pas bouillir, je ne suis pas une bête traquée qui halète, je ne danse pas d'un pied sur l'autre sur des tisons, mais je conçois par ces mots la douleur de la brûlure et la pression thoracique et le sentiment d'urgence. Ces sensations imaginaires, productrices d'émotions, n'ont pas eu besoin de l'usage rationnel des mots qu'il aurait fallu trouver pour expliquer le sentiment : quelqu'un est acculé dans une situation intenable dont il voudrait sortir sans en avoir les moyens et il n'en peut plus.

« Ne monte pas sur tes grands chevaux ! » (ne t'offusque pas, ne te mets pas en colère) est une formule qui implique aussi quelques relais intermédiaires : qu'un grand cheval est ombrageux, alors deux ou plus !, qu'ils prennent le mors aux dents et peuvent ruer, que la colère est comme une foucade chevaline et qu'il vaut mieux, par précaution, ne pas les enfourcher.

On pourrait présenter ainsi les lieux communs contenus dans le deuxième registre comme des raccourcis magistraux dans le registre d'émotions universellement partagées, qui font l'économie de la description des situations réelles et du passage par l'abstraction. En quelque sorte, l'émotion partagée prime sur la pensée analytique et sur la connaissance. C'est elle que l'on retient et qui est nécessaire pour la compréhension entre les humains. Immédiate, irréfléchie, la formule est un déclencheur, un catalyseur, un organisateur, une sorte de grand savoir émotionnel collectif et balisé culturellement qui nous permet de communiquer immédiatement, presque sans le recours de la pensée. Sans doute un peu de la même manière que les plantes communiquent entre elles, *via* des émissions d'odeurs, attracteurs, phéromones… Les expressions toutes faites sont des équivalents de ces attracteurs qui entraînent des réactions physiques. Un ensemble d'expériences vécues, ressenties fortement, agréablement ou désagréablement, et mémorisées, a entraîné chez certains l'apparition de la formule qui par sa sonorité et ses évocations rend le mieux compte de la situation, et cette formule devient, hors de son contexte et par son simple énoncé, la cause, et non la conséquence, d'un affect, d'un trouble ressenti.

Et quel torrent d'émotions peut être transmis par ce biais, sans qu'il soit nécessaire de décortiquer par les mots abstraits adéquats la violence et la pertinence des effets transmis ! Nul besoin en effet de traduire « garder un chien de sa chienne » par rancune, « ne pas faire dans la dentelle » par être grossier ou « couper les cheveux en quatre » par méticuleux, « tenir la dragée haute » par défier ou « se retrouver dans de beaux draps » par connaître de graves difficultés. On fait l'impasse sur les mots abstraits adéquats : ne reste que l'impression, l'émotion, la perception corporelle d'une situation. Tout auditeur dans le champ d'une culture donnée saisit le sens « par science infuse ». Chaque langue a son propre trésor où puiser pour établir des équivalences. « Ne pas avoir inventé la poudre », se dit par exemple en anglais « ne pas mettre le feu à la Tamise ». C'est dire la difficulté de la traduction !

Énumérons, pour faire prendre conscience de l'extension du champ émotionnel recouvert, quelques-unes de ces situations, impressions, émotions (bien qu'elles soient innombrables mais on aura compris mon goût pour les listes), en donnant à chacune telle qu'elle est exprimée par un lieu commun le terme abstrait qui aurait convenu : gêne, contrariété, impuissance, satisfaction, jubilation, crainte, stupeur, admiration, conseil, sollicitude, appréhension, indécision, dérision, dépit, défi, démesure, *hubris*, inquiétude, inconvenance, générosité, aménité, animosité, menace, lâcheté, courage, ruse, rétorsion, égoïsme, lubricité, souffrance, étonnement, hésitation, rancœur, ravissement, simplicité, écœurement, lassitude, dégoût, appétit, assurance, soulagement, ahurissement, bien-être, compassion, compréhension, incompréhension, refus, rejet, acceptation, résignation, emportement, colère, impétuosité, fougue, stupeur, mépris, amusement, attente, impatience, désillusion, déception, complétude, soulagement, crainte, outrance, provocation, indignation, gentillesse, mansuétude, irritation, forfanterie, ténacité, hébétude, peur, joie, plaisir, fureur, vanité, orgueil, réprobation, contentement, sollicitude, conviction, fatalisme, suspicion, effroi, rébellion, laisser-aller, fatalisme, forfanterie, désolation, réplétion, autorité, supériorité, gaminerie, ostracisme, répugnance, répulsion, lyrisme, mansuétude, manipulation, sagesse, cynisme, inquiétude, douleur, béatitude, hésitation, certitude, appréhension, doute, ferveur, ennui, désagrément, exultation, pesanteur, vibrance, mise en garde, légèreté, pragmatisme, sournoiserie, cautèle, précaution, prévenance, prévention, jobardise, couardise, soumission, esprit de revanche, altruisme, ferveur, amertume, reconnaissance, gêne, gratitude, respect, élan, ambition, réprobation, désinvolture, sérénité, crédulité, incrédulité, envie, impétuosité, émerveillement, conviction, convoitise, excitation, jalousie, tendresse, apitoiement, frustration, enthousiasme, lassitude, abandon, valorisation, espérance, honte, frustration, bien-être, sarcasme, dérision, condescendance, fatuité, surprise, curiosité, amusement, bonhomie, volonté, ténacité, besoin de justice, d'équité, d'harmonie, d'amour, etc.

Chacune de ces situations est ressentie et comprise pleinement sans le truchement intellectuel du concept signifiant adéquat. C'est une pensée organisée en mineur, qui pare au plus pressé : communiquer l'affect, sans avoir à l'expliciter. À partir de ce socle commun d'expériences ressenties, déjà-là, prédimensionné, se comprennent aisément des histoires auxquelles il manque pourtant les événements, les faits précis, les prédicats, toute une sémantique individuelle identificatoire que chacun apporte inconsciemment dans son for intérieur, sans que cela ait besoin d'affleurer à la surface. Le cadre est posé pour ressentir un affect. On pense ainsi par le ventre, qui reçoit par paquets et vagues des expressions émotionnelles où affleure le sens, sans avoir besoin des mots appropriés. Cette approche globale gagne en empathie ce qu'elle perd en abstraction, en faisant primer le partage émotionnel sur la raison raisonnante, sur l'explicitation. Le partage du lieu commun est ainsi la perception d'une réalité émotionnelle globale sans les mots, tout comme et au rebours de l'intuition de la trouvaille mathématique (l'eurêka), qui est une perception globale par la raison, sans plus recourir aux relations intermédiaires. Ces entrelacs d'émotions brutes sont immédiatement compris dans une culture donnée au moyen d'expressions où les mots convoient tout autre chose que leur sens premier, traduisant une accumulation d'expériences similaires et une certaine façon de les envisager et de les sublimer. Ainsi, personne ne pense que quelqu'un cire effectivement des bottes quand on dit de lui qu'il est un « cireur de bottes ». Il y a derrière l'expression toute faite toute l'observation de la posture courbée de l'obséquiosité de celui qui cire, associée à l'idée du brillant et du clinquant vaniteux de celui à qui on cire les bottes, lesquelles sont en prise avec l'idée du snobisme méprisant (caractère que n'auraient pas de banales chaussures). Et quand on « se retrouve dans de beaux draps », c'est qu'on est, au contraire de la signification immédiate (être couché dans des draps soyeux, nets, frais, bien repassés, voire brodés, est la situation rêvée) dans la situation la plus inconfortable qui soit.

J'assimile ce double penchant, antagoniste on le voit, qui est le mien, à la fois pour la création poétique du sens caché de certains mots et pour les expressions toutes faites du partage émotionnel avec les autres, au grand dilemme éducatif que connaît l'enfant. Il veut accéder au grand savoir des adultes, comprendre ce qui se passe autour de lui, ce qui se dit, ce qui s'échange, et surtout comprendre ce qui n'est pas dit. En même temps, il veut garder le plaisir d'une certaine incommunicabilité mais une incommunicabilité qui serait de son fait et pas de celui des adultes. Il veut sortir des éternels commandements de la sagesse : « dis s'il vous plaît », « dis merci », qui nous viennent du fond de l'enfance et qui forment le dressage minimal à la sociabilité. Il est partagé : il n'obtient pas l'objet de son désir s'il ne dit pas le premier et il se retrouve dans une position intenable (infernale) s'il ne dit pas le second, alors qu'il voudrait ne pas avoir à dire par des mots l'objet de son désir ni penser que d'autres en sont les maîtres, qu'ils ont le pouvoir de faire que ce désir soit comblé ou au contraire de le dénier. L'état d'enfance est celui d'une sauvagerie libre et entière à laquelle on préfère donner la benoîte définition de la table rase. Pour l'enfant, le pouvoir sans partage de donner un sens secret, caché, aux mots, c'est recréer Babel en sa sauvage beauté d'incommunicabilité ; mais si l'adulte savoure les expressions toutes faites, c'est qu'il a accepté d'être un humain fait de la même matière (les tripes) que les autres, qui se retrouve en tous les autres. On est passé ainsi de la jouissance de la connaissance intime et sans partage du secret en dénommant soi-même le réel (rejet du sens ordinaire) à celle du partage de ce qu'il y a de plus commun, la vulnérabilité du corps (excès du sens sous-entendu).

N'y aurait-il rien d'autre à dire ?

Ces courts-circuits de la pensée supposent qu'une traduction intime en est faite sans le concours (ni le recours à) de la pensée consciente et organisée. L'image d'une certaine réalité, qu'on ne visualise pas parce qu'il n'est pas nécessaire de la visualiser, entraîne la perception forte d'une réaction ou d'un résultat inévitables, lesquels mettent le corps sur le qui-vive et sur la voie de la seule conduite possible. « Ne pas mettre ses œufs dans le même panier » : ni le locuteur ni l'auditeur ne voient mentalement les œufs ni le panier en prononçant ces mots, mais ils envisagent le risque de casse de la totalité en cas de choc ou de chute et en concluent de la même manière qu'il vaut mieux par prudence, répartir les charges (d'œufs ou de n'importe quelle autre chose) différemment.

Il existe une autre manière d'esquiver les mots transitionnels pour rendre compte de la réalité : c'est le schéma. Utilisant des traits et des formes, il transcrit et fait comprendre la réalité, en la rendant visualisable et en l'organisant dans ses multiples relations, sans qu'il soit besoin des mots, qui interviennent *a minima* pour dénommer et déterminer le registre dont le schéma veut rendre compte. Une courbe de Gauss peut en effet s'appliquer à bien des situations. Les mots ajoutent le surcroît d'informations nécessaires sur le contexte et le problème posé mais l'essentiel de l'argumentation abstraite a été donné par le schéma lui-même. « Un dessin vaut mieux qu'un long discours », dit l'expérience populaire sous la forme de l'un de ces lieux communs qui portent, eux, le sens émotionnel. Ce sont tous deux, des supports sans mots qui véhiculent les uns, une idée, les autres, une émotion, par une sorte de coagulation immédiate de sens, un précipité de données qui font amalgame, où tant les concepts que les observations s'agrègent comme des pépites dans le tamis d'un chercheur d'or. Dans un cas (le schéma), on passe directement du réel à une partie de son organisation dévoilée par le travail de l'abstraction, dans l'autre (le lieu commun), on passe directement de l'évocation d'une situation à une réaction émotionnelle transposable à une autre situation.

Cela ne suffit pas pour rendre compte de la série des processus enclenchés dans la double maîtrise, intellectuelle et émotionnelle, du réel. Il faut y ajouter les sens qui nous permettent de le percevoir et les concepts qui nous permettent de l'identifier. Dans cet ensemble à quatre points, je dirai que le lieu commun est au schéma ce que les sens sont à l'identification conceptuelle : avers *versus* revers. On me permettra un seul schéma, mais obligé en quelque sorte, pour appuyer cette réflexion.

Si je découpe l'espace en deux plans horizontaux, le plan inférieur étant celui de la réalité (faits et artefacts) et le plan supérieur celui des idéalités (représentations de la réalité), puis en deux plans verticaux, celui de droite étant dévolu au corps et celui de gauche à l'esprit, j'obtiens une découpe de l'espace du vivant parlant en quatre quadrants dévolus successivement à la perception (quadrant inférieur droit), aux émotions (quadrant supérieur droit), à l'identification/dénomination (quadrant supérieur gauche) et enfin à l'abstraction (quadrant inférieur gauche). Chacun de ces quadrants est occupé par un mode opératoire particulier, à savoir, successivement dans le même ordre : les sens, les lieux communs, les concepts, les schémas. Dans leur situation symétrique, il apparaît bien que les lieux communs sont aux schémas ce que les sens sont aux concepts.

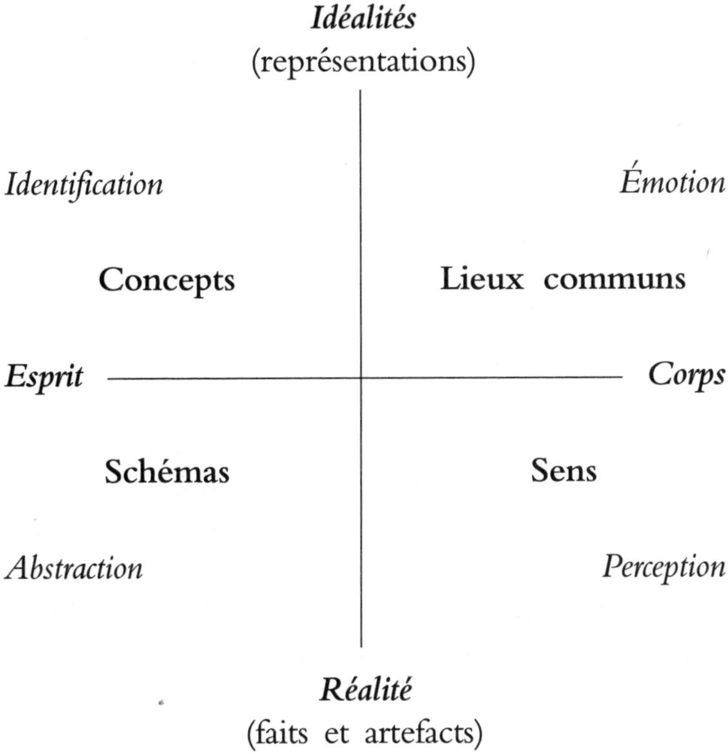

Sens et concepts, schémas et lieux communs sont quatre modalités, associées deux à deux, de la compréhension et de la manipulation de la réalité au moyen du corps et de l'esprit.

J'ai peu pratiqué l'art du schéma. Je pense qu'il doit procurer dans le registre de l'abstraction les mêmes infinis plaisirs que ceux que procurent les trois autres registres, et que je connais bien, surtout le plaisir enfantin du démiurge créateur absolu de sens, ou celui adulte qui consiste à retracer les méandres par lesquels une expression toute faire, que l'on n'entend même pas dans son sens premier, aboutit à faire prendre conscience de l'imminence d'une réaction dictée par le corps.

À la limite, on peut se passer des mots adéquats pour penser. Cela va au-delà du simple jeu de la métaphore. Quand je dis : « il tombe des hallebardes », nulle hallebarde ne tombe du ciel, mais ne sont pas évoquées de simples épingles, ni des couteaux, ni des épées, ce sont des hallebardes, ce qui se fait de plus grand, de plus massif comme arme de poing. Cette évocation d'une pluie lourde, quasi meurtrière, de trombes d'eau, s'accompagne de l'invitation à rester à l'abri, comme on le ferait pour se mettre à l'abri des coups. Nul n'est besoin du récit, de détails figuratifs et explicatifs, de la sémantique, de l'histoire telle qu'elle se vit ou a été vécue. Il reste, profondément engravées, l'image et la qualité émotionnelle du récit, qualité que quelques mots métaphoriques décalés suffisent à faire ressurgir intacte. Les lieux communs fonctionnent ainsi comme les plus petits dénominateurs communs de l'expérience humaine, et comme des facilitateurs de cette même expérience génialement raccourcis.

Je me suis plue à mener cette enquête sur les raisons du goût que j'ai pour les mots, goût qui est, je crois, partagé par le plus grand nombre. J'espère que beaucoup d'entre vous, lecteurs, continueront de jouer le jeu des définitions secrètes ou ajouteront d'autres lieux communs à ma liste, en s'émerveillant des chemins de l'inventivité.

J'ai voulu, pour l'amusement, ajouter un troisième niveau à ces deux registres, pour montrer qu'il est possible d'évoquer une situation et des émotions adventices sans le détail pertinent que constitueraient les personnes impliquées, les faits réellement survenus, les péripéties datées, sans histoire, sans contenu. On trouvera donc quelques courtes histoires dont le titre décrit une situation. Ces histoires ont ceci de particulier qu'elles sont faites d'un simple ajustement entre elles de quelques-unes de ces expressions toutes faites porteuses d'émotions. Elles sont, au sens propre, vides de sens. Rien n'est dit sur quoi les étayer, et pourtant tout le substrat d'émotions filtre, comme on pourra le constater. Quelle économie de moyens pour se reconnaître et agir dans la vie quotidienne que ce savoir intense partagé !

On y va ?

Premier registre

Bravache se la joue comme Beckham
Avalanche roule et déboule
Pizza gratte comme un cent de fourmis
Cri s'envole dans le ciel
Bouillabaisse encombre tous les chemins
Trappe ment comme un arracheur de dents
Libellule est une demoiselle fière en organdi blanc
Coccinelle est telle Audrey Hepburn
Mâchicoulis s'effondre majestueusement
Inclination penche sa haute taille
Aubépine est radieux comme le soleil sur la neige
Croissance croasse désagréablement
Innocence est un doux murmure
Rouspéter porte un shako à plumes

Traîtrise est chose très triste
Baobab est mal dans sa peau
Nabab pète de suffisance
Mirliton explose en plein vol
Cacophonie est hébété
Bouquin a des odeurs de vieux cachemire
Brodequin est un mâle autoritaire
Écoutille lève haut la jambe
Cafard est un agglomérat nauséabond de viandes pourries
Tout de go est une action qui aurait pu être parfaite
Glycine s'éboule, fond en douceur, glisse sur un plan d'eau lisse
Glycérine est opaque, englué et visqueux
Brinquebaler est de traviole, comme **brindezingue** – l'ourlet de la jupe, le corps sous la jupe, l'ouverture des portes, l'allure de la maison, le trot du cheval, la course éperdue…
Procrastination lâche des torrents d'invectives et d'imprécations
Rhododendron est un dragon bouffi qui a trop de pattes et pas assez de feu
Amour est rouge coquelicot
Portrait est ennuyeux

Saint-Quay-Portrieux est une suite d'entrepôts
rénovés
Funambule est primesautier
Lilas est frais en bouche
Propriété emplit la bouche
Haine se crache
Crédulité est bonne fille
Décision coupe comme un scalpel
Magasin ouvre sur des merveilles entraperçues
Merveille a le goût à peine sucré des beignets
de ce nom
Vaille que vaille brinquebale
Potron-minet fait la culbute
Safari est un sapajou qui jette du sable
Gorille ne sait pas jouer à cache-cache
Satiété est un tas de sable humide
Réverbère penche comme la tour de Pise
Précipice luit dans les ténèbres
Aggiornamento est un bellâtre
Aujourd'hui entrouvre une porte
Camion tangue dans l'ivresse
Taffetas crisse et **Organdi** pique
Réséda est plein d'audace et **Iris** solitaire
et orgueilleux
Lamentable est un pauvre chien pouilleux

Amertume est un chemin de ronces
Boulevard une échappée vers la lumière
Sarcasme est un sabre à forme de dragon
Boursouflure est une grosse limace
Fautrier fonce sans étriers
Mondrian s'arrondit dans un fauteuil à carreaux
Mozart a de gros nœuds de reps à ses chaussures fines
Debussy marche le long d'un étang un bâton à la main
École s'envole gaiement
Lycée a de lourdes portes d'airain
Gynécée est l'intérieur moelleux d'un oursin
Demoiselle claque comme un courant d'air
Judicieux coule de partout et ça colle
Irrévocable sonne un glas sinistre
Colibri est impertinent
Codicille papillonne
Colibacille est lourdaud
Cacophonie trébuche en marchant
Tournevis est plein d'astuce
Marmite est une citrouille prolifique
Marmaille est déplaisante
Assiette tangue et **Tangente** s'envole
Dégouline salive abondamment

Corvette porte un tricorne
Jalousie siffle dans les herbes rampantes
Édulcorer s'accroupit tranquillement
Brocarder barrit
Rugissement tournoie sur des hauteurs
Abstention coule comme du plomb fondu
Subterfuge a des relents d'ammoniaque
Clabauder clapote et éclabousse
Insomniaque claque des dents
Agamemnon est un gros plein de soupe
Salmigondis sonne les cloches à toute volée
Racaille a des croûtes sur la peau
Leurre est immobile
Rabat-joie est noir comme la suie
Hurluberlu a la tête qui tourne
Imbécile a un sourire heureux
Smala déborde de partout
Rugueux s'avale d'un coup de glotte
Croasser a la voix grasse et grave
Loufoque est une chimère amphibie
Lourmarin est fatigué de naviguer
Dulcinée se déhanche en marchant
Risotto a des aigreurs d'estomac
Hoquet fait des courbettes
Bouquet n'a pas d'allure

Chapon est rempli de cautèle
Chaperon est rond comme une bille
Ping-pong distribue des baffes, tout simplement
Rugby est une améthyste dans sa gangue
Vélocipède est un animal véloce à six pattes
Saugrenu est une barre de sel gris du Sahel
Vice versa sont des jumeaux qui se haïssent
Vergogne est impudique
Géhenne est une haute dune qui s'éboule
et qu'il faut escalader
Trublion est un ludion qui monte dans un bocal
Prêle est insignifiante et méchante
Armistice fait long feu
Démocratie rutile même sous des haillons
Subtil s'envole comme les graines ailées
du pissenlit
Couiner agace les dents
Désopilant saupoudre d'une fine couche de sel
Dandiner se dandine en effet
Pavane s'effeuille, **Panade** s'étale et **Pivoine** exulte
Escient est acéré comme un rasoir
Magnanime est majestueux tel Louis XIV
Hauban est suspendu au-dessus du vide
Frivole, Fragile, Futile, Falbalas ont des ailes
de libellule

Ambiguïté est un pertuis qui va se resserrant
Aventure monte dans le ciel telle l'alouette
Sinécure se moque du qu'en-dira-t-on
Solférino est une charge sabre au clair menée
au tambour
Cloporte s'insinue partout
Esperluette est guillerette et espiègle
Guimauve ondule nonchalamment
Saint Glinglin est déglingué sous ses grelots
Sardanapale vit à Constantinople
Guérilla a les yeux ardents de la zorille
Jéroboam ouvre grand la bouche
Omelette joue les gros bras
Réputation est une sonnerie de clairon
Hosanna vibre de tension contenue
Saperlipopette fait la culbute cul par-dessus tête
Obligation fait claquer des menottes
Armure retentit dans les cryptes
Cloaque se déverse sournoisement
Couac est une baudruche qui éclate
Friselis sourit avec aménité
Gorgeon rit de bon cœur
Stupéfait est un chien d'arrêt
Scorbut compte les points sur un boulier
Rodomontade est une ganache bravache

Superflu suscite l'étonnement
Benoît a l'onctuosité de la crème
Eiffel fourbit de la dentelle
Suave déglutit doucement
Fâcheux a de gros pieds couverts de boue
Armoire s'ouvre sur le silence de tombeaux violets
Cuiller a le goût acide du fer-blanc
Hayon est dépenaillé (cela va de soi)
Scrupule est fermé comme une huître
Scapulaire claudique fortement
Scolopendre est un incorrigible bavard
Mesquin est en peau de crocodile
Mesclun s'amuse avec des cerceaux
Verdoyant saute par-dessus les haies
Saint-Nom-la-Bretèche folâtre comme un jeune veau
Crustacé est de la grosse faïence, **Langouste** de la porcelaine, **Crevette** du papier huilé
Homard s'étale grassement dans un fauteuil
Vilebrequin porte une robe à crinoline
Funambule crache comme une cheminée d'usine
Rastaquouère vous jappe aux mollets
Retors grogne et montre les dents
Rodomontade s'effarouche comme une pintade
Bavardage est une rencontre de voiles à l'horizon

Soudain est un petit nuage floconneux
Caravage est un troupeau de bisons fonçant
Thècle est un mouchoir en boule bien serrée
Rechigne part à reculons
S'esbaudit pratique le saut en hauteur
Mithridate extermine tout ce qui pousse autour
de lui
Nabuchodonosor est un prétentieux plein
de morgue et de suffisance
Archimède a la bouche pleine de petits cailloux
Titicaca est toujours fourré au jardin d'enfants
Prométhée a de grosses cuisses et de gros biceps
Abruti résonne comme le fond d'une caverne
Subodore renifle et toussote
Balai est un balèze qui se tient raide
Diabète est un rondouillard vêtu de flanelle grise
Chandelle pend au nez
Citrouille est mal fagotée
Corsage et **Justaucorps** étriquent et blindent sous
les bras
Osso bucco est un corps écartelé
Incrédule crisse comme une sauterelle
Trot est sans souci
Galop imite la mer
Caresse se pourlèche voluptueusement

Zèbre croit être caché derrière son ombre
Insuffisance est une faille, une rupture,
une ébréchure
Juveigneur boit nectar et liqueurs
Hymen est une toile d'araignée scintillante de gouttes
d'eau
Sigisbée est une monnaie florentine du XVIe siècle
Latitude respire profondément et ouvre grand
les bras
Anesthésie s'interdit de bouger
Émeri est un petit oiseau qui s'égosille
Cahier roule sous la paume comme du gravier
Boulevard est confortable
Catimini est innocence perverse
Catamaran est lourdaud
Émouvant a les genoux qui flanchent
Copain est une géode de pierre dure
Serpillière est une couleuvre irisée
Autruche est pataude
Autriche est dévergondée
Artifice est plein de certitudes et de gadgets
Primesautier se porte comme une robe couleur
du temps
Palimpseste est convulsé de tics
Glotte est un coup de sabots

Obsolète est une belle ogive à vitraux
Azalée est un tanagra fragile
Gentiane est coupante sur les bords
Gertrude a de la vertu
Germaine a les reins solides
Énergumène est un polyglotte grand voyageur
Raminagrobis est un rondouillard qui porte
des pantoufles grises
Conflans-Sainte-Honorine est endimanchée un jour
de foire
Gosier est un jeune homme bien sapé
Suave a les douces plumes d'un épervier
Oulan-Bator est un grand cimetière où tournent
les désespérés
Déconfiture colle et coule de partout
Subterfuge frisotte et porte des plissés
Fracasser a la hauteur silencieuse du basalte
Épousailles est un aimant qui coagule
le mouvement
Remontrance est un gros percheron aux pattes
poilues qui avance pesamment
Viviane a le coupant de l'acier
Décrépitude va gaiement bras dessus bras dessous
Sardanapale est noir comme Belzébuth
Sinistre agace les dents

Étamine émoustille et chatouille
Fondrière pointe un revolver
Judicieux est un ananas coupé en deux
Longanimité est une barrière en bois blond d'érable
Querelle est un derrière de lapin qui court dans l'herbe
Soliloque est un fauteuil profond
Urticaire est une boîte à pilules
Résipiscence est une longue chenille velue et urticante
Ordre claque comme un drapeau
Florilège est effectivement un bouquet de fleurs
Désespoir est de l'eau brune
Puisaye est en demi-deuil
Astringent a beaucoup de ressources
Faribole est lunatique
Simulie est un gros hanneton luisant
Foutraque est habillé n'importe comment
Dérisoire est un réticule en vieil argent
Larmichette est un coup de pied dans un ballon
Incongruité a mal au cœur
Ésotérique est une grosse lime à bois
Rossellini est un petit tournedos
Vive est coupante comme un rasoir
Courroux est un taureau à l'épaisse encolure

Muguet est tendre espérance
Éphéméride est un papillon blanc qui se plaît
dans les choux
Trachéite est une chasse à mort dans une forêt
Écho est un coup de glotte ou de menton
Saltimbanque vit au cœur des tornades
Esthéticienne est un grand déballage de linge en vrac
Capilotade est de la salade de roquette
Solitude n'a pas de colère
Cacatoès est bavard et fécond
Sérendipité est calme et industrieux
Gerfaut est une encoignure en relief fort blessante
Spectre est sec comme un coup de trique
Tourterelle est toute belle
Anachorète garde des brebis et porte des braies
Anacoluthe joue de la flûte traversière
Cothurne s'emporte et monte sur ses grands
chevaux,
Superfétatoire trompette comme une vieille pétoire
Passerelle est un petit oiseau léger
Rue est une tranchée d'eau verdâtre
Cohue est une berline à deux chevaux
Trigonométrie est l'art de mesurer les serpents
Gaillardise est une friandise fourrée d'alcool

Agricol Perdiguier est un homme efflanqué
et austère qui porte des godillots
d'Artagnan a l'âme d'un barbu avant l'âge
Carapater file comme l'éclair du diamant

Deuxième registre

Se fendre d'un sourire jusqu'aux oreilles,
rire à gorge déployée,
faire grise mine,
avoir les nerfs en pelote,
se heurter à un mur (d'ignorance, de haine,
  d'incompréhension...),
hurler avec les loups,
bayer aux corneilles,
faire les quatre cents coups,
y aller à reculons,
se tirer des flûtes,
mettre les pieds dans le plat,
prendre à rebrousse-poil,
fouler aux pieds,

entrer dans le vif du sujet,
rouler des yeux de merlan frit,
faire une bouche en cul-de-poule,
s'approcher à pas de velours,
avoir une araignée dans le citron,
constater que c'est « ni fait ni à faire »,
se tenir à croupetons,
tailler des croupières,
tailler une bavette,
suer comme un bœuf,
vomir tripes et boyaux,
s'en battre l'œil,
jouer des coudes,
partir en catimini,
ronronner d'aise,
s'en pourlécher les babines,
crier famine,
pousser des cris d'orfraie,
partir à vau-l'eau,
se démener comme un beau diable,
rouler des mécaniques,
faire la pluie et le beau temps,
jouer des coudes,
rouler à tombeau ouvert,

s'en moquer comme de sa première chemise,
errer comme une âme en peine,
aller son petit bonhomme de chemin,
tailler les oreilles en pointe,
passer un savon de première,
pouvoir embrasser une chèvre entre les cornes,
ne pas y aller par quatre chemins,
ruer dans les brancards,
pleuvoir des hallebardes,
taper à bras raccourcis,
foncer dans le tas,
arriver à pas de loup,
faire des yeux de biche,
tourner comme un ours en cage,
aller à la va comme je te pousse
en mettre plein la vue,
en avoir gros sur la patate, gros sur le cœur,
se tirer des flûtes,
prendre tout pour argent comptant,
avoir du plomb dans l'aile, une cervelle d'oiseau, un fil à la patte, un poil dans la main, une araignée dans le plafond, en avoir plein le dos, par-dessus la tête,
avoir le cœur au bord des lèvres ou sur la main, avoir le cœur en berne,
rire de bon cœur,

avoir les yeux plus gros que le ventre
dormir sur ses deux oreilles,
se rincer l'œil,
tirer le diable par la queue,
avoir la berlue,
se prendre les pinceaux,
faire sa chattemite,
faire son beurre de quelque chose,
faire des gorges chaudes,
y aller à l'emporte-pièce,
se porter comme un charme,
pousser grand-père dans les orties,
jeter en pâture aux lions,
courir à perdre haleine,
courir ventre à terre
courir comme un dératé,
jeter son bonnet par-dessus les moulins,
ne pas encadrer quelqu'un,
jurer comme un charretier,
avoir pour quelqu'un les yeux de l'amour,
brûler la chandelle par les deux bouts
battre la campagne,
frétiller d'aise,
être de guingois,
tordre du nez,

en jeter plein la vue,
puer le fric à plein nez,
par ici les mains pleines, la bonne soupe,
la moutarde me monte au nez,
avoir les oreilles qui sifflent,
n'en pas croire ses yeux ni ses oreilles,
en avoir ras-le-bol, ras la casquette,
avoir la gorge serrée,
bâiller comme un phoque,
avoir une tête de papier mâché,
en voir de toutes les couleurs,
être aux cent coups,
être sens dessus dessous,
détaler comme un lapin,
vider les étriers,
ne pas payer de mine,
à bâtons rompus,
traiter de noms d'oiseaux,
mettre les pieds dans le plat,
boire comme un trou,
emboîter le pas,
suivre comme un seul homme,
aller de l'avant,
manger son pain blanc en premier
être sur une pente dangereuse,

prendre au pied de la lettre,
prendre avec des pincettes,
œuvre de longue haleine,
être dans ses petits souliers,
être gêné aux entournures,
souffrir mille morts,
donner de la bande,
avoir un cheveu sur la langue,
couper le sifflet,
long comme un jour sans pain,
damer le pion,
se mettre martel en tête,
monter sur ses grands chevaux,
être sur des charbons ardents,
avoir un chat dans la gorge,
rouler dans la farine,
coûter trois francs six sous,
sourire aux anges,
enchaîner des poncifs,
essuyer les plâtres,
foncer bille en tête,
amuser la galerie,
se tourner les pouces,
être rond comme une barrique,
rire sous cape,

tirer à hue et à dia,
ne pas avoir pour deux sous de jugeote,
aller à Canossa,
passer sous les fourches caudines,
raconter une histoire à dormir debout,
boire le bouillon d'onze heures,
prendre de haut,
brailler comme une truie qu'on égorge,
être empoté comme un manche,
avoir avalé son parapluie,
faire une gueule d'enterrement,
tirer une gueule de six pieds de long,
bouillir d'impatience,
regarder par le petit bout de la lorgnette,
se donner du bon temps,
avoir l'oreille qui traîne,
se ramasser une gamelle,
mettre à toutes les sauces,
être comme un coq en pâte,
marcher en file indienne, à la queue leu leu,
tourner en bourrique,
voir trente-six chandelles,
regarder de travers,
une sainte n'y touche,
être à l'affût,

tomber comme à Gravelotte,
être en pays de Cocagne,
jouer des coudes,
avoir bon dos,
souffrir mille morts,
donner de l'aile,
se battre comme des chiffonniers,
rabattre le chaland,
ameuter ciel et terre,
crier haro sur le baudet,
filer une châtaigne,
avoir les doigts de pied en éventail,
être comme un poisson dans l'eau,
ruminer sa peine,
se tenir à carreaux,
ne pas bouger d'un cil,
se mettre martel en tête,
courir la prétentaine,
friser la cinquantaine,
donner de la bande,
avoir une épée dans les reins,
avoir une épée suspendue au-dessus de la tête,
le ciel lui est tombé sur la tête,
jouer un tour de cochon,
tirer à boulets rouges,

un feu nourri de questions,
faire les cornes,
filer sans demander son reste,
être bouché à l'émeri,
avoir à l'œil,
pleurer des larmes de crocodile,
toute honte bue,
crier famine,
aux innocents les mains pleines,
sonder les cœurs et les reins,
boire du petit-lait,
sauter aux yeux,
le roi n'est pas son cousin,
un sac d'embrouilles,
rougir jusqu'aux oreilles,
être excité comme un pou,
être remuant comme une potée de souris,
avoir le diable au corps,
avoir la danse de Saint-Guy,
ne pas s'en laisser conter,
faire le zouave,
fier comme Artaban,
loin de la coupe aux lèvres
faire la grimace,
boire la coupe jusqu'à la lie,

sonner l'hallali,
tous comptes faits,
gagner sur tous les tableaux,
noyer le poisson,
ne pas mettre tous ses œufs dans le même panier,
prendre la vie du bon côté,
ne pas être tombé de la dernière pluie,
piquer du nez,
avoir anguille sous roche,
le mariage de la carpe et du lapin,
glisser des peaux de banane,
prendre la mouche,
aller voir ailleurs si j'y suis,
ronger son frein,
assurer ses arrières,
rendre la monnaie de la pièce,
aller à la curée,
s'en mettre jusque-là,
boire jusqu'à plus soif,
jouer les gros bras,
être suspendu aux lèvres de quelqu'un,
boire des yeux,
on entendrait une mouche voler,
c'est un m'as-tu-vu,
une foire d'empoigne,

faire se battre des montagnes,
couler de source,
tranquille comme Baptiste,
prendre des vessies pour des lanternes,
se tirer des flûtes,
frais comme un gardon,
vieux comme Mathusalem,
joli comme un page,
avaler des couleuvres,
briller comme un sou neuf,
tiré à quatre épingles,
sage comme une image,
remonter le courant,
en voir de toutes les couleurs,
être sur le pied de guerre,
ne pas avoir les yeux en face des trous,
avoir une faim de loup,
c'est le jour et la nuit,
mettre de l'eau dans son vin,
sortir d'un mauvais pas,
accorder ses violons,
sortir des sentiers battus,
un loup dans la bergerie,
un renard dans le poulailler
un éléphant dans un magasin de porcelaine,

péter plus haut qu'on a le derrière,
être juché sur des échasses,
avoir le verbe haut,
rouler les mécaniques,
être un fier-à-bras,
filer comme une flèche,
se décomposer à vue d'œil,
faire la pluie et le beau temps,
faire couler l'encre,
de l'eau a coulé sous les ponts,
piaffer d'impatience,
être né coiffé,
être né avec une cuiller d'argent dans la bouche,
plutôt deux fois qu'une,
faire un coup fourré,
loin des yeux loin du cœur,
défendre bec et ongles,
jouer les prolongations,
accourir à bride abattue,
prendre le mors aux dents,
cela ne se trouve pas sous le sabot d'un cheval,
cochon qui s'en dédit,
ahuri comme une poule qui a trouvé un couteau,
en rester comme deux ronds de flan,
jouer la fille de l'air,

croire en sa bonne étoile,
faire les gros yeux,
se fendre d'un sourire,
avoir le cœur qui bat la chamade,
avoir les genoux en compote, en flanelle
être au bord de l'apoplexie,
un greluchon tombé du nid,
fuir comme la peste,
se faire la malle, la belle,
prendre ses jambes à son cou,
parler à un sourd,
s'escrimer,
se fendre la pipe,
se tenir les côtes,
se rouler aux pieds de quelqu'un,
lécher ses plaies dans un coin,
être dans ses petits souliers,
rameuter le populo,
foncer tête baissée,
tomber dans le panneau,
tomber des nues,
fier comme un paon, un pou, un pape,
se laisser conduire à l'abattoir,
prendre le dessus,
faire valser l'anse du panier,

boire dans la main,
se la couler douce,
crier au loup,
faire la pluie et le beau temps,
tenir les cordons de la bourse,
sans bourse délier,
être fleur bleue,
tout feu tout flamme,
ne pas s'écouter parler, pisser,
crier à tue-tête,
une histoire cousue de fil blanc,
une histoire à dormir debout,
se prendre la tête à deux mains,
sombrer corps et biens,
noir comme dans un four,
se casser le nez, les dents,
ouvrir des yeux comme des soucoupes,
tenir pour argent comptant,
ne pas payer de mine,
on lui donnerait le bon dieu sans confession,
on lui tordrait le nez qu'il en coulerait du petit-lait,
mettre les bouchées doubles,
jurer ses grands dieux,
être attifé comme à Carnaval,
se conduire comme un gougnafier,

pleurer toutes les larmes de son corps,
tenir la dragée haute,
crier haro sur le baudet,
avoir la main lourde,
sauter dans ses vêtements,
jaillir comme un diable de sa boîte,
bâiller à s'en décrocher la mâchoire,
se faire virer comme un malpropre,
être du feu de Dieu,
prendre ses jambes à son cou,
un chien dans un jeu de quilles,
un os en travers du gosier,
laisser un champ d'épaves derrière soi,
s'entendre comme larrons en foire,
se gondoler comme un bossu,
jouer les fiers-à-bras,
passer au fil de l'épée,
avoir du sang de navet,
sauter comme un cabri,
faire feu de tout bois,
manger son pain blanc en premier,
casser sa pipe,
manger les pissenlits par la racine,
faire le grand saut,
tirer tous azimuts,

jouer la fille de l'air,
faire les choses en quatrième vitesse,
donner un coup de fion,
avoir toujours un train de retard,
plonger dans des abîmes de perplexité,
être ouvert à tous les vents,
se retrouver dans les choux,
avoir l'esprit de l'escalier,
croire en sa bonne étoile,
innocent comme l'enfant qui vient de naître,
se la couler douce,
il faut se lever matin pour faire mieux,
être au bout du rouleau,
ne pas être au bout de ses peines,
voir le bout du tunnel,
se coucher avec les poules,
revenir bredouille,
être sorti du ruisseau,
faire long feu,
être debout dès potron-minet,
faire les gros yeux,
rendre coup pour coup,
s'en soucier comme d'une guigne,
mettre la charrue avant les bœufs,
passer par le trou de la prière,

mettre midi à quatorze heures,
prendre des vessies pour des lanternes,
croire au Père Noël,
couper l'herbe sous le pied,
fondre en larmes,
avoir tous les sens en éveil,
prendre du bon temps,
filer à l'anglaise,
prendre la poudre d'escampette,
aller cahin-caha,
prendre les chemins de traverse,
couler de source,
faire une tête de chien battu,
avoir le mal du pays,
prendre le taureau par les cornes,
jouer les belles endormies
jouer la fille de l'air,
boire à tire-larigot,
faire tourner en bourrique,
être à pied d'œuvre,
bondir sur ses pieds,
virer sur les chapeaux de roue,
être sur le gril,
danser d'un pied sur l'autre,
envoyer promener,

se salir les mains,
mettre du cœur à l'ouvrage,
être bon comme le pain,
remplacer au pied levé,
trouver un écho,
envoyer paître, sur les roses, au diable,
ne pas être à la noce,
la semaine des quatre jeudis,
se faire tirer les oreilles,
une histoire tirée par les cheveux,
y aller franco de port,
avoir les nerfs en pelote,
balancer son paquet,
prendre la vie du bon côté,
mettre de l'eau dans son vin,
ruminer dans son coin,
commencer à bien faire,
ne pas être tombé de la dernière pluie,
prendre les choses comme elles viennent,
ôter une épine du pied,
en faire voir de toutes les couleurs,
une volée de bois vert,
tendre les verges pour se faire battre,
faire le gros dos,
n'en pas croire ses oreilles, ni ses yeux,

à la Saint-Glinglin,
jouer les trouble-fête,
ne pas avoir les yeux en face des trous,
ne pas avoir inventé la poudre,
à la bonne franquette,
faire boire la tasse,
prendre des vessies pour des lanternes,
voir les choses par le petit bout de la lorgnette,
prendre la mouche,
prendre les chemins de traverse
se faire de la bile, du mauvais sang
son sang n'a fait qu'un tour,
sortir par les trous de nez,
mentir comme un arracheur de dents,
franchir le Rubicon,
se changer les idées,
tourner en eau de boudin,
ça ne mange pas de pain,
garder un chien de sa chienne,
marcher comme sur des roulettes,
ne pas être à la fête,
arriver dans un fauteuil,
ne pas faire dans la dentelle,
ne faire ni chaud ni froid,
tirer la sonnette d'alarme,

être Grosjean comme devant,
tenir la dragée haute,
couper les cheveux en quatre,
et que ça saute !
chercher la petite bête,
chercher des poux dans la tête,
repartir du bon pied,
on entendrait une mouche voler,
lécher les bottes,
échauffer les oreilles,
filer bon train,
coucher sur le papier,
y aller comme en 14,
s'asseoir et mettre son mouchoir par-dessus,
se dresser sur ses ergots,
partir sur les chapeaux de roues,
respirer comme un soufflet de forge,
mettre la puce à l'oreille,
prendre ses quartiers d'été,
s'évanouir dans la nature,
avoir bon pied, bon œil,
se noyer dans un verre d'eau,
plaider le faux pour savoir le vrai,
jurer ses grands dieux,
ne pas ranger les torchons avec les serviettes,

depuis belle lurette,
un secret de Polichinelle,
par ici la bonne soupe,
se tailler la part du lion,
prendre ses désirs pour des réalités,
courir deux lièvres à la fois,
hésiter comme l'âne de Buridan,
faire des pieds et des mains,
pisser dans un violon,
avoir le cul entre deux chaises,
vouer aux gémonies,
tirer son épingle du jeu,
tirer les marrons du feu,
bien fin qui saurait dire,
mettre de l'eau dans son vin,
se faire secouer, remonter les bretelles,
déverser un tombereau d'injures,
serrer les cordons de la bourse,
faire deux poids, deux mesures,
être le dindon de la farce
tirer la couverture à soi,
mettre sous le boisseau,
couper au plus court,
y aller les yeux fermés,
mettre la charrue avant les bœufs,

casser les pieds,
rouler des mécaniques,
avoir du pot,
faire son cinéma,
faire la tournée des grands ducs,
être dans ses petits souliers,
sentir la faille,
encaisser sans moufter,
chercher des poux dans la tête,
ce n'est pas demain la veille,
loin de la coupe aux lèvres,
les jours se suivent et ne se ressemblent pas,
découvrir le pot aux roses,
mettre du beurre dans les épinards,
ronger son frein,
se retrouver dans les trente-sixièmes dessous,
louper le coche,
vouloir le beurre, l'argent du beurre et la crémière
  par-dessus le marché,
à la fortune du pot,
manger avec un lance-pierres,
faire les cornes,
être connu comme le loup blanc,
clair comme de l'eau de roche,
apporter sur un plateau,

mon sang n'a fait qu'un tour,
en voir trente-six chandelles,
avoir la vie chevillée au corps,
partir la queue basse,
sentir le vent tourner,
parer au plus pressé,
n'avoir pas dit son dernier mot,
avoir de la suite dans les idées,
couper les cheveux en quatre,
prendre le taureau par les cornes,
ne pas valoir tripette,
faire les choses à la six quatre deux,
jeter un œil sur quelque chose,
passer l'arme à gauche,
avoir une frousse bleue,
prendre la tangente,
bouffer de la vache enragée,
aller son petit bonhomme de chemin,
ne pas y aller par quatre chemins,
prendre ses jambes à son cou,
ne pas être à la noce,
en baver des ronds de chapeau,
se retrouver dans de beaux draps,
se retrouver le bec dans l'eau,
avoir la gueule enfarinée,

avoir le nez dans le guidon,
c'est la croix et la bannière,
aller à tort et à travers,
à bouche que veux-tu,
entrer comme dans du beurre,
pénétrer comme dans un moulin,
voir de quel bois je me chauffe,
ça ne court pas les rues,
ça fait un bail,
être dans ses petits souliers,
aller au charbon,
avoir dans le collimateur,
pousser des cris d'orfraie,
avoir une prise de bec,
tomber sur un bec,
se regarder en chiens de faïence,
un boit-sans-soif,
avoir la foi du charbonnier,
se sentir morveux,
faire tourner en bourrique,
avoir le trouillomètre à zéro,
être tout sucre, tout miel,
comme un cautère sur une jambe de bois,
être aux premières loges,
à tout bout de champ,

prendre la mouche,
sauter aux yeux,
passer à pertes et profits, à la trappe, à l'as, aux oubliettes,
avoir les cheveux qui se dressent sur la tête,
en avoir gros sur la patate,
ne pas avoir un poil de sec,
être trempé comme une soupe,
porter des bottes de sept lieues,
faire le pied de grue,
se la couler douce,
pas piqué des hannetons,
à son corps défendant,
faire contre mauvaise fortune bon cœur,
pousser les hauts cris,
balancer un coup de pied dans la fourmilière,
être tombé sur un nid de frelons,
avoir le feu aux trousses,
signer des deux mains,
s'aventurer hors des sentiers battus,
un Jean sans peur et sans reproche,
un coup de tonnerre dans un ciel serein,
cela lui pendait au nez,
gros comme une maison,
de fond en comble,
bien mal lui en a pris,

crier haro sur le baudet,
à fond de train,
avoir la larme à l'œil,
être pieds et poings liés,
avoir les dents qui rayent le parquet,
entre les deux mon cœur balance,
passer par toutes les couleurs de l'arc-en-ciel,
avoir dans la peau,
mentir comme on respire,
mettre les pendules à l'heure,
un dessin vaut mieux qu'un long discours,
signer des deux mains

Troisième registre

Querelle, soliloque

Il n'était pas à la noce, ce n'est pas que je voulais me tirer des flûtes et je ne voulais pas non plus mettre les pieds dans le plat mais il m'avait tout de même mis les nerfs en pelote alors je lui ai balancé son paquet, je lui ai dit que ce n'était ni fait ni à faire, qu'il se comportait comme un gougnafier, qu'il se moquait des gens comme de sa première chemise, que ça commençait à bien faire et qu'il ne s'en sortirait pas en roulant des yeux de merlan frit, c'est vrai, la moutarde m'était montée au nez devant lui qui baye aux corneilles, roule des mécaniques, sait faire sa chattemite quand il le faut, alors je l'ai traité de tous les noms d'oiseaux que je connais car j'en avais vraiment gros sur la patate, mais il l'a pris à rebrousse-poil avec une bouche pincée en cul de poule, puis c'est tout juste s'il ne s'est pas fendu d'un sourire jusqu'aux oreilles et ne s'en pourléchait pas les babines, je croyais lui passer un savon de première, il buvait du petit-lait et ronronnait d'aise, il s'est même mis à rire de bon cœur comme si j'avais pour lui les yeux de l'amour, il m'a quand même dit : « Faut pas pousser grand-père dans les orties, ne monte pas sur tes grands chevaux, cela amuse la galerie et on va penser que tu racontes des histoires à dormir debout », je souffrais mille morts et bouillais d'impatience, alors plutôt qu'ameuter ciel et terre, j'ai pris la poudre d'escampette et mes jambes à mon cou, c'est vrai, ça, j'ai bu la coupe jusqu'à la lie, suspendue à ses lèvres j'étais tranquille comme Baptiste, le roi n'était pas son cousin, lui qui avait le diable au corps, remuant comme une potée de souris, lui qui faisait pour moi la pluie et le beau temps, il m'a fallu mettre de l'eau dans mon vin car c'était le loup dans la bergerie, un fier-à-bras qui se comportait comme un éléphant dans un magasin de porcelaine, comme un chien dans un jeu de quilles, tiens, pas la peine de jouer les prolongations, peut-être qu'un jour je pourrai dire « loin des yeux, loin du cœur », alors je me suis fait la malle, il en est resté comme deux ronds de flan, ahuri comme une poule qui a trouvé un couteau, lui faire à lui un coup fourré pareil ?, mais oui, plutôt deux fois qu'une, il s'est d'abord décomposé à vue d'œil, pourquoi me roulerai-je à ses pieds ? c'est comme si je parlais à un sourd, pas question de me laisser conduire à l'abattoir, au contraire, il peut numéroter ses abattis, alors il s'est mis à rire et à se tenir les côtes, j'étais dans mes petits souliers, et puis, plutôt que de laisser un champ d'épaves derrière moi et parce que je crois en ma bonne étoile, j'ai abandonné la foire d'empoigne et pris le dessus, depuis on ne se bat plus comme des chiffonniers, c'est vrai qu'il faut y regarder à deux fois quand on a l'impression de tourner en bourrique, il faut se donner du bon temps et même brûler la chandelle par les deux bouts, à quoi ça sert de tordre du nez, de tourner comme une âme en peine quand on peut rire de bon cœur, même quand on tire le diable par la queue, on peut toujours aller son petit bonhomme de chemin, dormir sur ses deux oreilles, boire à tire-larigot, frétiller d'aise, pas la peine de se mettre martel en tête, mieux vaut jouer sur du velours, boire des yeux, être tout feu tout flamme, accorder les violons et remonter le courant, depuis, de l'eau a coulé sous les ponts, j'ai certainement mangé mon pain blanc en premier et j'ai sans doute toujours un train de retard, bien des choses me plongent dans des abîmes de perplexité mais dans cette histoire à dormir debout peut-être suis-je enfin rendue au bout de mes peines, je ne suis certes pas née avec une cuiller en argent dans la bouche mais pas non plus tombée de la dernière pluie et je fonce souvent tête baissée mais c'est bon d'avoir le cœur qui bat la chamade, cela ne se trouve pas sous le sabot d'un cheval, il faut prendre les choses comme elles viennent sans faire toujours une tête d'enterrement, savoir saisir la vie du bon côté et être comme un coq en pâte même quand il tombe des ennuis comme à Gravelotte, pourquoi toujours monter en effet sur ses grands chevaux quand nul ne cherche à vous rouler dans la farine ?, mieux vaut mettre de l'eau dans son vin et prendre son mal en patience, quand on a pour deux sous de jugeote on y regarde à deux fois même quand ça tire à hue et à dia et qu'on craint de vider les étriers, il faut remonter le courant et sortir des sentiers battus, plutôt que piaffer d'impatience et prendre le mors aux dents mieux vaut se fendre d'un sourire, c'est une œuvre de longue haleine que d'aller de l'avant quand on ne veut pas en voir de toutes les couleurs, il va falloir apprendre à mettre de l'eau dans son vin et à ne pas tout prendre pour argent comptant, aller son petit bonhomme de chemin évite d'avoir la berlue ou de vomir tripes et boyaux, on joue alors sur du velours et même si on est vieux comme Mathusalem se tenir frais comme un gardon et tiré à quatre épingles vous aidera toujours à sortir des mauvais pas, vous ne pensez pas qu'il vaut mieux accorder ses violons que d'être sans cesse sur le pied de guerre ?, passer pour fleur bleue plutôt que passer les autres au fil de l'épée, sauter de joie comme un cabri plutôt que ruminer dans son coin ?, tout compte fait, je préfère être comme du bon pain et ne pas sombrer corps et biens et je ne vois pas pourquoi je pousserais des cris d'orfraie quand il suffit de ne pas s'en laisser conter…

Histoire d'un homme ordinaire, monologue

Je vais bientôt casser ma pipe, je le sens, mais j'y vais à reculons, croyez-moi. Je ne suis pas un saint. J'ai couru le guilledou, mais j'ai aussi assuré.

J'ai grandi à la va comme je te pousse, toujours un peu triste comme un chien battu. J'ai longtemps rongé mon frein dans mon coin avant de me lancer dans l'arène. Mais quand j'ai démarré, c'était sur les chapeaux de roue. Sans tambour ni trompette, j'ai fait mon petit bonhomme de chemin.

Pendant un temps, j'ai brillé comme un sou neuf, j'avais le verbe haut, je roulais les mécaniques, je donnais le la, tout marchait comme sur des roulettes. J'étais comme larron en foire.

Et puis le vent a tourné. Moi aussi. J'en ai vu de toutes les couleurs et j'ai dû mettre de l'eau dans mon vin. Qu'est-ce qu'il m'a fallu parfois avaler comme couleuvres ! Pas facile de remonter le courant, de jouer les fiers-à-bras, quand on boit le calice jusqu'à la lie !

J'ai eu des histoires qui ont fait couler l'encre, je me suis fait virer comme un malpropre, je me suis retrouvé dans les choux, j'ai été au bout du rouleau. Mais j'ai aussi vu le bout du tunnel un jour et j'ai fait le grand saut quand il le fallait.

Je suis sorti du ruisseau et maintenant que je vais bientôt manger les pissenlits par la racine, je me soucie du passé comme d'une guigne. Plus besoin de rendre coup pour coup, de croire au Père Noël, d'avoir les nerfs en pelote. Je prends désormais les choses comme elles viennent, j'ai tous les sens en éveil, je ne coupe plus les cheveux en quatre, je ne me fais plus de mauvais sang, je prends tous les chemins de traverse et je me moque de la mort comme de l'an 1000.

Entre collègues désabusés, dialogue

– Pourquoi veux-tu que je m'en fasse ? S'il n'est pas content, qu'il aille se faire voir ailleurs !

– Écoute ! Tu lui cherches toujours des poux dans la tête. Ce n'est pas un mauvais cheval quand on sait le prendre !

– Peut-être mais je ne peux pas l'encadrer. Rien que de l'entendre me fait tourner mon lait.

– Tu ne peux pas mettre un peu d'eau dans ton vin, sans blague ? Cela te vaudrait un grand coup de chapeau de nous tous.

– Mais comment ? Lui laisser la bride sur le cou ? Encaisser sans moufter ?

– Prends ton mal en patience.

– Plus facile à dire qu'à faire. La main me démange parfois mais tout cela me met plutôt le cœur au bord des lèvres.

– Laisse couler et va voir ailleurs si tu y es peut-être… Si tu te laisses ronger les sangs, tu ne compteras plus que pour des nèfles. Choisis : si tu ne réponds pas, il s'arrêtera.

– Je n'en crois pas mes oreilles ! Tu me prends pour un enfant qui vient de naître ? S'il sent la faille, il me tombera dessus à bras raccourcis. La nature prendra toujours le dessus.

– Tente le coup, fais un pas.

– Quoi ? Lui lécher les bottes ?

– Tu vois, tu montes tout de suite sur tes grands chevaux !

– Mais non ! Tu ne vois pas, au contraire, que je suis dans mes petits souliers ? Et puis, basta ! Quoi que je fasse, ça ne lui fera ni chaud ni froid.

Mère au bord de la crise de nerf, récit

Ce gamin est plus éveillé qu'une potée de souris. Il tuerait père et mère pour n'en faire qu'à sa tête. Il faut voir comme il se débat comme un beau diable quand on le prend à rebrousse-poil. Pourtant, à le voir, on lui donnerait le Bon Dieu sans confession, quand il fait sa voix douce comme un petit Jésus en culotte de velours… Ses manières sont cousues de fil blanc, mais ça marche, avec un sourire jusqu'aux oreilles... Mais il a le diable au corps, il ferait se battre des montagnes. Joli comme un page pourtant et apparemment tranquille comme Baptiste, mais il vous en fait voir de toutes les couleurs. Lui faire les gros yeux, c'est comme parler à un sourd. Il file sans demander son reste ou vous raconte des histoires à dormir debout. Il saute comme un cabri, ne tient pas en place et il rit sous cape quand il peut jouer les chiens dans un jeu de quilles. Il vous fait tourner en bourrique. Il faudrait lui boire dans la main. Personne n'est à la noce avec lui. Si on lui passe un savon de première, il s'en moque comme de sa première chemise. Il fait parfois des yeux de biche et sa chattemite, ce qui vous fait fondre. Il vous saute au cou et vous embrasse comme du bon pain. Ah ! il sait vous mettre sur le qui-vive et vous faire marcher, le garnement !

Patron énervé et mauvais employé, adresse

Il va drôlement se faire tirer les oreilles. C'est quoi, ça ? ça n'est ni fait ni à faire, ça ne ressemble à rien. Qui est-ce qui m'a fichu un empoté pareil ?

Il est aussi habile de ses dix doigts qu'un manche à balai. Ah ! il n'a pas inventé la poudre, ça se saurait ! À le voir, on croirait qu'il est tombé de la dernière pluie et qu'il n'a jamais les yeux en face des trous. Rarement vu quelqu'un d'aussi lent de la comprenette. Bon Dieu ! Il faut que ça saute ! Au diable si je n'arrive pas à le faire danser plus vite que la musique !

J'ai sué sang et eau pour monter mon affaire, je ne laisserai pas des badernes me faire boire la tasse. Il ne sait pas ce que c'est que de mettre du cœur à l'ouvrage. Pour lui, c'est toujours la semaine des quatre jeudis. Ou alors il fait les choses en quatrième vitesse en se souciant comme d'une guigne du résultat. S'il continue de refuser de mettre du cœur à l'ouvrage, qu'il aille au diable ! Il va y avoir des pots cassés. Je vais lui balancer son paquet et l'envoyer se faire voir ailleurs, le virer comme le malpropre qu'il est.

Vous trouvez que j'ai la main lourde ? Mais c'est que j'ai une épée dans les reins. La concurrence, c'est une vraie foire d'empoigne. Et si je m'en laisse conter, je peux tirer un trait sur mon affaire.

La sortie du jeu

J'ai tenté de saisir des choses évanescentes comme on s'efforce d'attraper une mouche au vol ou d'écarter un fil de la vierge qui s'obstine à se coller à votre visage. J'ai essayé de montrer, à mon aune, comment fonctionne un esprit humain confronté à la quadrature du cercle puisqu'il lui faut jouer avec les mots pour s'en servir de la manière la plus rentable et la plus œcuménique possible tout en sauvegardant l'étincelle primitive de la compréhension du réel à travers les sons purs. Les quadrants théoriques du schéma que j'ai présenté manifestent cette dualité à la fois antagoniste et nécessairement complémentaire. Les sons sont porteurs de sens. À nous d'en tirer parti pour créer un monde qui nous confronte sans cesse à la myriade étonnante de corrélations compliquées qui s'établissent entre les sons, les couleurs, les saveurs, les odeurs, les touchers, les perceptions intimes et viscérales, les émotions et la pensée consciente. Nous avons ce trésor à explorer plus avant et nous le laisserions en friche ?

On ne sort pas du jeu. On l'alimente, comme le feu.

Mes mots

DU MÊME AUTEUR
CHEZ ODILE JACOB

Les Deux Sœurs et leur mère, 1994.
De l'inceste, 1994.
Masculin/Féminin I. La pensée de la différence, 1996.
Contraception : contrainte ou liberté ? (sous la dir. de, avec Étienne-Émile Baulieu et Henri Leridon), 1999.
Masculin/Féminin II. Dissoudre la hiérarchie, 2002.
Corps et Affects (sous la dir. de, avec Margarita Xanthakou), 2004.
De la violence I, 2005.
De la violence II, 2005.
Une pensée en mouvement, 2009.
Le Sel de la vie, 2012.

Cet ouvrage a été transcodé et mis en pages
chez NORD COMPO (Villeneuve-d'Ascq)
N° d'édition : 7381-3001-X – N° d'impression : 121238
Dépôt légal : octobre 2013
Imprimé en France